# Der eingebildete Sokrates

## (Socrate Immaginario)

Komische Oper
von
Ferdinando Galiani und
Giovanni Battista Lorenzi

# Musik von Giovanni Paisiello

Deutsch von Peter Brenner
— *Textbuch* —

## SCHOTT

Mainz · London · New York · Tokyo

# ERSTER AKT

## 1. Szene

*Hof mit einer begehbaren Treppe auf der einen Seite, auf der anderen eine Tür, die zum Garten führt.*
*Don Tammaro stürzt die Treppe herunter. Donna Rosa verfolgt ihn mit einem Stock. Emilia, Lauretta und Calandrino halten sie zurück. Ippolito kommt dazu und lauscht, ohne gesehen zu werden.*

## Sextett

DONNA ROSA:
  Raus, du Halunke, in meinem Hause will ich dich nie mehr sehen!
  Hinaus mit dir, pack dich, hinaus mit dir!
DON TAMMARO:
  Zuviel der Ehre, Hochwohlgeboren,
  und zu viel Gnade erweist Ihr mir.
EMILIA, LAURETTA, CALANDRINO:
  Ach, welche Schande, ach, was für Sitten!
IPPOLITO:
  [Da will ich lauschen, hier wird gestritten.]
DONNA ROSA:
  Ich will dich zerhacken . . .
DON TAMMARO:
  Hab harte Knochen . . .
DONNA ROSA:
  Ich will dich verschlingen . . .
DON TAMMARO:
  Erst aber kochen!
DONNA ROSA:
  Ah, dieses Phlegma bringt mich in Wut.
DON TAMMARO:
  Teure, du schwitzt zuviel, sei lieber gut!
EMILIA, LAURETTA, CALANDRINO:
  Bitte, beendet doch Euren Disput!

IPPOLITO:
[Zitternd erwart' ich, was man wohl tut.]
DONNA ROSA:
Kannst du mich so entehren?
Muß ich die Schmach ertragen?
Mein liebevolles Begehren,
mein Toben und mein Schlagen,
kann dich denn nichts mehr rühren
in deiner Grausamkeit?
*tut als ob sie weint*
So lass dich rühren durch diese Tränenflut!
In diesen Tränen erkenne mein Leid!
DON TAMMARO:
Die Tränendrüsen banne,
daß dies Sekret nicht fließe!
Dem weisen, klugen Manne
netzt es doch kaum die Füße,
denn gegen solche Klagen
ist Sokrates gefeit:
seid auf der Hut vor falschen Tränen!
Sie sind Waffen der Weiblichkeit.
DONNA ROSA:
Du Schuft, du verhöhnst mich
mit deinem Geschwatze.
Ich reiß die Augen
aus deiner Fratze;
die Augäpfel, die verspeis' ich dann.
DON TAMMARO:
Hier sind die Augen,
nimm sie dir, bitte!
Doch auf der Stirne
hab ich das dritte.
Dieses verbleibt mir
und sieht dich an.
DONNA ROSA:
Der Schurke verspottet mich,
ihr könnt es sehen,
wie er an meinen Nerven sägt.
*geht wieder auf ihren Mann los*
wie dieser Schuft an den Nerven sägt.

LAURETTA, CALANDRINO:
  Spuckt ihr nur Galle?
  Wer kann verstehen,
  daß nicht ein jeder sich verträgt!
DON TAMMARO:
  Furchtlos ist Sokrates,
  laßt sie nur gehen:
  ich werd' geläutert,
  wenn sie mich schlägt.
EMILIA, IPPOLITO:
  Grausamer Himmel,
  was läßt du geschehen?
  Wer ist auf Erden,
  der das erträgt?


Rezitativ


*Don Tammaro, Donna Rosa, Emilia, Lauretta, Calandrino und Ippolito*
LAURETTA:
  Meine Gnädigsten, bitte hört auf!
  Schließlich seid Ihr Mann und Frau.
DONNA ROSA:
  Weiß Gott, die Hölle hätt mich verschlingen sollen,
  bevor ich ihn heiratete!
  Mich mit solchen Schweinereien zu beleidigen!
CALANDRINO:
  Sokrates hat Euch mit dem dritten Auge nicht beleidigt:
  So nennt man das Auge des Geistes.
DONNA ROSA:
  Ist auch egal. Jedenfalls:
  wenn du nicht deine verrückte Idee aufgibst,
  Emilia mit deinem Barbier zu verheiraten . . .
EMILIA:
  Wie, was soll das heißen?
IPPOLITO:
  [Was hör ich!]
DONNA ROSA:
  Genau das! Dein Vater
  will dich dem Meister Antonio geben.

4

EMILIA:
Und das soll wahr sein?

DON TAMMARO:
Ja, meine liebe Tochter,
dein Erzeuger macht dich zur Erzeugerin!

CALANDRINO:
*heimlich zu Don Tammaro*
Beherrscht Euch und ertragt jede Ungehörigkeit!
Sokrates war der Inbegriff der Geduld.
Diogenes Laertius sagt es ganz deutlich.

DON TAMMARO:
Laß ich mich etwa nicht schlagen,
ohne ein Wörtchen zu sagen?

CALANDRINO:
Niemand wird das bestreiten,
deshalb nennt Euch die Welt Sokrates den Zweiten.

DONNA ROSA:
Was brütet ihr da aus?

DON TAMMARO:
Höre, du kreischende Elster:
er ist nicht mehr Meister Antonio, jener Meister Antonio,
der Meister Antonio war.
Meister Antonio ist nun Philosoph:
er warf seinen Kittel weg und die Seife,
zog die Toga an und wurde mein Schüler Plato.

DONNA ROSA:
Wie willst du Blödhammel andere Philosophie lehren,
wenn du selbst kaum lesen kannst?

DON TAMMARO:
Gerade weil ich ein großes Rindvieh bin,
bin ich ein Philosoph. Wer war Sokrates?
Ein Esel. Und das kann ich beweisen:
er sagte niemals etwas von sich aus,
sondern fragte immer die anderen; ein deutliches Zeichen,
daß er ein Dummkopf war und nichts wußte.
Und ich halte mich für einen noch größeren Philosophen
als er war, denn jedes Mal,
wenn ich versuche, wie er zu sein,
dann fallen mir nicht einmal Fragen ein.

**DONNA ROSA:**
Tammaro, höre . . .

**DON TAMMARO:**
Zerstöre nicht mein Trommelfell mit diesem
vulgären Namen! Nenne mich Sokrates!
Und dich werde ich ab jetzt Xanthippe nennen,
denn das ist der Name,
den jenes vom Teufel besessene Weib hatte,
die Frau Sokrates des Ersten.
Dich, meine Tochter, werde ich Sophrosyne nennen,
dich, Calandrino, Simmias, und dich Lauretta, Sappho.
In meinem Hause will ich alles auf griechische Art veredeln,
selbst mein Hund muß mit dem Schwanz auf griechisch wedeln.

**DONNA ROSA:**
Schluß jetzt, Tammaro!
Entweder du läßt dein Gehirn untersuchen
und sprichst mir nicht mehr von Meister Antonio,
oder . . .

**DON TAMMARO:**
Xanthippe, meine Tochter bekommt Plato,
und mein Rücken steht dir zur Verfügung.
Ich hab eine solche philosophische Hornhaut,
daß die Beschimpfungen mich nicht berühren,
und meine Knochen die Schläge nicht mehr spüren.
*Wiederholung Sextett ab Zeichen*


Szene II


*Donna Rosa, Emilia, Lauretta und Ippolito*


Rezitativ


**IPPOLITO:**
Ach, Signora, habt Mitleid mit einem Verzweifelten!

**EMILIA:**
Ippolito, du hier?

**IPPOLITO:**
Ja, meine schöne Emilia, in dem Versteck dort
hörte ich mein Todesurteil an.

**DONNA ROSA:**

Sei unbesorgt, Donna Rosa ist auf deiner Seite.
Ich liebe Emilia mehr,
als wenn sie meine eig'ne Tochter wäre.
Wenn es zum Schlimmsten kommt,
werde ich euch zur Flucht verhelfen,
und ihr werdet dorthin gehen,
wo euch die Liebe hinführt.

**EMILIA:**

Ich will eher sterben,
als durch eine solche Tat meine Selbstachtung verlieren.

**DONNA ROSA:**

Du würdest den Barbier heiraten?

**EMILIA:**

Ich würde ihn heiraten.

**LAURETTA:**

Ach was, meine liebe Signorina,
putzt die Augen wieder blank!
Es ist ganz schön und gut,
den Pfad der Tugend nie zu verlassen,
jedoch muß Euer Mann auch zu Euch passen!


Arie

**LAURETTA:**

Wollt Ihr Euch zu einer Rose
eine Hyazynthe pflücken,
wird das Sträußchen Euch entzücken,
und ein süßer Duft entsteht.

Doch wollt Ihr zu dieser Rose
eine welke Tulpe binden,
wird der Duft sehr bald entschwinden,
und die Rose, die vergeht.

Laßt vor Schaden Euch bewahren!
Ihr seid doch schon so erfahren,
daß Ihr wißt, worum sich's dreht.

## Szene III

### Rezitativ

*Donna Rosa, Emilia und Ippolito*

IPPOLITO:
    Moment mal! Es gibt vielleicht
    ein ganz einfaches Mittel, Emilia zu erlangen.
    Euer Mann kennt mich noch nicht.
    Ich werde vorgeben, daß ich aus Athen gekommen bin,
    weil ich von seinem großen Ruf gehört habe,
    werde ihn in seiner Verrücktheit bestärken
    und ihn dann um seine Tochter bitten.

DONNA ROSA:
    Nun gut, versuchen wir noch diesen Weg!

IPPOLITO:
    Ich werde um dich kämpfen,
    auch wenn du noch so grausam zu mir bist.

EMILIA:
    Was habe ich dir denn getan?
    Was habe ich verbrochen?
    Die Tochter hat vorhin aus mir gesprochen.
    Doch was die Liebende ganz tief im Herzen spricht,
    das weißt du nicht.

### Arie

EMILIA:
    Oh, wie ich dich verachte
    und dennoch nach dir schmachte!
    Beide Gefühle liegen
    in meiner Brust im Streit.
    Wird die Verachtung siegen?
    Schon glaubt sie's zu erreichen,
    doch Liebe will nicht weichen
    sie ist zum Kampf bereit.

## Szene IV

*Einsamer Hain mit Brunnen. Don Tammaro und Calandrino.*

### Rezitativ

DON TAMMARO:
Simmias, du mußt sofort nach Griechenland reisen.
CALANDRINO:
Wie, nach Griechenland?
DON TAMMARO:
Allerdings! Suche dort den Diogenes Laertius auf
und sag' ihm, er möge nicht säumen,
mein Leben aufzuzeichnen.
CALANDRINO:
Um die Wahrheit zu sagen, Meister Sokrates,
ich habe keine Lust dazu.
DON TAMMARO:
Sag mir, unwissender Simmias,
was treibt die Esel an?
CALANDRINO:
Der Stock.
DON TAMMARO:
Sehr gut! Wer ist es,
der die Schüler auf den Pfad der Tugend treibt?
CALANDRINO:
Der Meister.
DON TAMMARO:
Ausgezeichnet! Nun, da der Meister dasselbe ist
wie der Stock, was sind dann die Schüler?
CALANDRINO:
Es sind die Esel.
DON TAMMARO:
Also mußt du abreisen.
Wenn ich der Stock bin, bist du der Esel.
CALANDRINO:
Das ist richtig, ich gehorche.
DON TAMMARO:
Simmias, mein Bibliothekar, hast du bemerkt,
daß ich dich durch Fragen überzeugt habe?

Wem käme es in den Sinn,
daß ich nicht der leibhaftige Sokrates bin?
Und dennoch leugnet es Xanthippe.

CALANDRINO:

Was machte Sokrates der Erste nicht alles
mit seiner Frau durch. Laertius sagt,
sie habe eines Tages, durch irgendwas verdrossen,
einen Nachttopf über seinem Kopfe ausgegossen.

DON TAMMARO:

Einen Nachttopf! Dann soll mir Xanthippe
noch heute vierundzwanzig über den Kopf schütten!
Rasch jetzt, ich will nicht,
daß die Aufzeichnung meiner Geschichte sich verzögert!
Ich küsse dich, mein Simmias,
und nun mußt du gehen.

CALANDRINO:

[Teure Cilla, könnt ich dich nochmal sehen!]

Arie

CALANDRINO:

[Alle Hoffnung seh ich schwinden,
daß mir Cilla angehört.]
Ja, ich gehe,
und ich flehe,
denn das ist für Euch das Beste,
daß man rufe,
schlag ihn feste, feste
schlag ihn feste . . .
Wenn der Stock auf Eurem Rücken
immer auf- und niederfährt,
auf und nieder, auf und nieder,
immer auf- und niederfährt,
geht Ihr ein in die Geschichte,
Euer Ruhm wird noch vermehrt.
Tränen wollen mich ersticken,
doch ich will sie unterdrücken,
will die Schwäche überwinden,
daß der Mut mir wiederkehrt.
[Alle Hoffnung seh' ich schwinden,
daß mir Cilla angehört.]

## Szene V

*Don Tammaro, Calandrino, der sofort zurückkehrt, dann Meister Antonio und Cilla*

Rezitativ

DON TAMMARO:
Sokrates, überlege an diesem einsamen Ort der Ruhe:
wie stellst du es nur an,
daß Xanthippe dich mit einem Nachttopf
unsterblich machen kann?

CALANDRINO:
Frohe Botschaft, frohe Botschaft:
Plato ist mit seiner Tochter gekommen.

DON TAMMARO:
Du mein Plato, du Quelle,
an der der Weise sich erfrischt!

M. ANTONIO:
Nein, nur der Wasserstrahl,
der aus deiner Leitung pischt!
Meine Tochter Aspasia, küsse Sokrates die Hand!

CILLA:
Nur die Hand, ja?

M. ANTONIO:
Was willst du ihm noch küssen?

CILLA:
Was weiß ich Herr Vater, vielleicht das Gesicht?

M. ANTONIO:
Einen Mann, mein Kind, küßt man nicht, er ist Kacke.

CALANDRINO:
[Holde Einfalt, du machst mich ganz verliebt.]

DON TAMMARO:
[Diese Unschuld ist entzückend!]

M. ANTONIO:
Sokrates, ich bin in der Grotte Minarda gewesen,
um das Arakel zu befragen,
wer der größte Weise von ganz Griechenland ist.
Schafhirten haben mir gesagt, sie sind die Priester
des Gottes Opallo und haben dieses Papier geschrieben.
*zeigt eine schmutzige Karte*

DON TAMMARO:

Was für ein schmutziger Zettel!

M. ANTONIO:

Das glaub ich! Der Priester
hatte damit vier Stück Mozzarella eingewickelt.

DON TAMMARO:

Komm, lies! Was sagt denn das Orakel?

M. ANTONIO:

Lies mit mir dies schreckliche Gekrakel!

Duettino

DON TAMMARO UND MEISTER ANTONIO:

Wer was weiß, der weiß, wer weiß,
doch weiß nicht, ob er was weiß.
Nur wer weiß, daß er nichts weiß,
der weiß mehr als der, der weiß.


Rezitativ

CALANDRINO:

Sag, hast du mich lieb?

CILLA:

Und wie! Ich hab' ein Kätzchen sehr lieb gehabt,
und Ihr seht genau so aus.

DON TAMMARO:

In diesem Zettel ist ein großes Geheimnis verborgen.
Mein Plato, du bleibst hier,
ich hab' mit dir zu reden.
Simmias, bringe Aspasia auf ihr Zimmer!

CILLA:

Meister Sotakres, wenn es Euch nichts ausmacht,
möcht' ich Euch um einen Gefallen bitten.

DON TAMMARO:

Bitte nur, meine schöne Aspasia!

CILLA:

Ich möcht' mir eine Puppe aus Stoffetzen machen.

DON TAMMARO:

Ja, und?

CILLA:

Ich bräuchte dazu einen Latz von einem alten Hemd.

DON TAMMARO:
Natürlich, du bekommst ihn.
CILLA:
Uh, meine Güte, Eure Dien'rin!
Herr Vater, wünscht Ihr was von mir?
M. ANTONIO:
Ja, mehr Hirn, meine Tochter!
*Calandrino mit Cilla ab*


Szene VI

*Don Tammaro und Meister Antonio*
DON TAMMARO:
Setze dich, Plato, und schärfe deine Ohren!
M. ANTONIO:
Schieß nur los!
DON TAMMARO:
Nun sag, wovon lebt das Vaterland?
M. ANTONIO:
Von Gaunereien.
DON TAMMARO:
Das mein' ich nicht, zum Teufel!
M. ANTONIO:
Aber heutzutag kann man sich in seinem Vaterland
nur noch mit Betrügereien durchschlagen.
DON TAMMARO:
Das mein' ich nicht. Die Bürger
sind Kinder des Vaterlands, und dieses lebt
in den Kindern seiner Kinder.
Ich bin ein Bürger,
ergo schulde ich dem Vaterland Kinder.
M. ANTONIO:
Vivat, Sokrates, vivat! Ich verstehe nicht, was du sagst,
aber ich weiß, daß du recht hast.
DON TAMMARO:
Ist deine Tochter dem männlichen Geschlecht zugetan?
M. ANTONIO:
Wie die Maus der Salami.

DON TAMMARO:
Sehr gut! Ich werde sie heiraten.
Ich möchte meinem Vaterland kein undankbarer Bürger sein.

M. ANTONIO:
Du hast doch schon eine Frau!

DON TAMMARO:
Sokrates hatte zwei.
Ich geh jetzt zu meiner älteren Frau,
damit sie meine jüngere umarme.
Wart' hier auf mich! Glückseliger Sokrates!
Jetzt muß nur noch Xanthippe den Nachttopf mir verpassen!
*ab*

M. ANTONIO:
Das wird sie sich wohl kaum entgehen lassen.

## Szene VII

*Antonio, Donna Rosa, Emilia, Lauretta und Ippolito, griechisch gekleidet*

EMILIA:
Basta, Ippolito, mach' meinen Schmerz nicht noch größer!
Fordre mich von meinem Vater, aber ohne Betrug!

M. ANTONIO:
Meine Herrschaften, Sokrates ist ein großer Mann,
aber Prato ist auch nicht ohne.

IPPOLITO:
Wer seid Ihr?

M. ANTONIO:
Nun, Prato der Phisoloph.

DONNA ROSA:
Und worin besteht deine Phisolophie?

M. ANTONIO:
Was weiß ich denn?
Ich müßte lügen.
Aber Sokrates weiß es.

IPPOLITO:
Was für ein Dummkopf!
*sie lachen ihn aus*

M. ANTONIO:
Hört auf, so blöd zu lachen!
Der Teufel soll euch holen!

Ich werd', obwohl ich Prato bin,
den Hintern euch versohlen.


Arie

M. ANTONIO:
Was glotzt ihr?
Warum lacht ihr?
So haltet doch die Klappe!
Bin ich denn euer Hampelmann,
glaubt ihr, ich bin von Pappe?
Ein großer Phisoloph bin ich,
mein Schnurbart, der ist Klasse,
und jeder kleine Rotzbub auf der Gasse,
der wirft mir, kricke, kracke, kricke, kracke
'nen Knallfrosch hinterher.
Schneidet mir keine Fratzen!
So eine Drecksvisage!
Kommt Prato erst in Rage,
dann lacht hier keiner mehr.


Szene VIII

*Donna Rosa, Emilia, Lauretta, Ippolito, dann Don Tammaro*
Rezitativ

DONNA ROSA:
Kann man einen größeren Dummkopf finden?
Doch still, mein Mann!
*zu Ippolito*
Geh' ihm entgegen! Wir verbergen uns und lauschen.
DON TAMMARO:
Wo ist denn Plato?
IPPOLITO:
Sokrates, Stolz der Menschheit,
Ippolito entbietet dir seinen Gruß.
DON TAMMARO:
Und wer bist du?
IPPOLITO:
Ein griechischer Verehrer aus Athen.

DON TAMMARO:
    Ein Grieche aus Athen! Was für ein Glück!
    Laßt Euch küssen! Nun, mein Herr Grieche,
    kann ich Euch einen Dienst erweisen?
IPPOLITO:
    Ich verlange nichts anderes vom erhabenen Sokrates,
    als daß er ein ziemlich seltenes Geschenk
    aus Griechenland annimmt.
DON TAMMARO: *unterwürfig*
    Zuviel Ehre!
IPPOLITO:
    Ich übergebe Euch in dieser Schachtel
    zwei einbalsamierte Eulen aus Athen,
    und diese drei Karaffen sind mit dem Wasser
    der drei bekanntesten griechischen Flüsse gefüllt:
    des großen Mäander, des Simoeis und des Xanthos.
    Sie gehören Euch.
    [Ich platze fast vor Lachen]
EMILIA: *nähert sich entschlossen dem Vater*
    [Ich kann nicht mehr.]
DONNA ROSA:
    [Bleibe!]
LAURETTA:
    [Wohin wollt Ihr?]
EMILIA:
    [Ihr täuscht euch, wenn ihr glaubt,
    ich hätte die Ehrfurcht vor meinem Vater verloren!]
    Mein Herr Vater . . .
DON TAMMARO:
    Entschuldigt, mein Herr Grieche!
EMILIA:
    Was heißt hier Grieche?
    Der verstellt sich,
    um durch diese List meine Hand zu erhalten.
    Ich gesteh', daß wir uns lieben,
    so sehr man sich nur lieben kann,
    doch meine Liebe kann mich nicht zum Unrecht
    gegen meinen Vater verleiten.
    Und sollte ich Ippolito verlieren,

ich werde Euren Willen respektieren!
*ab*
DONNA ROSA:
[Ich platze noch vor Wut!]
DON TAMMARO: *nach einiger Überlegung spricht er gefaßt und gibt*
*die Geschenke zurück.*
Mein falscher Herr Grieche,
hier habt Ihr Eure drei Flüsse
und die Fledermäuse.
Kehrt Ihr nach Athen zurück,
so wünsch' ich gute Reise und viel Glück.

Arie

IPPOLITO:
Seufzer, in euch klingt mein Sehnen,
ihr Tränen, in euch fließt mein Leid,
geht hin zur falschen Schönen,
erzählt ihr, ihr Seufzer,
von meiner Traurigkeit.

Mein Weinen und mein Flehen,
hat es denn einen Sinn?
Die Falsche will nicht sehen,
wie liebeskrank ich bin.

Will sie den Sinn nicht wenden,
nicht lindern meine Not,
soll Gift mein Leben enden,
dann schlag der Blitz mich tot!

Gift und Blitz sei dann mein Tod!

Szene IX

*Donna Rosa und Don Tammaro*
Rezitativ
DONNA ROSA:
Ich möchte aus der Haut fahren!
DON TAMMARO:
Meine Xanthippe, ich muß dich sprechen.

DONNA ROSA:

[Ich werde Sanftmut heucheln, vielleicht komm'
ich damit weiter.]
Sokrates ist immer ein so würdiger Mann gewesen,
und ich, ich törichtes Weib,
ich hab ihn so oft zu Unrecht geprügelt.
Von nun an aber bin ich sanft und gut und still.

DON TAMMARO:

Und gerade das ist's, teures Weib,
was ich nicht will.
Schlage mich, mein Herz, wie einen Esel!

DONNA ROSA:

Oh nein, mein süßer Mann,
ich werd' dich nie mehr plagen.
Vielmehr sollst du, wenn ich was falsches tu,
mich schlagen.

DON TAMMARO:

Gäb' es ein Beispiel, liebster Schatz,
ich hätt' dir längst die Peitsche a ̣gebrannt,
doch leider ist von Sokrates
so etwas nicht bekannt.
Hör jetzt und erstaune!
Ich will eine zweite Ehe eingehen!

DONNA ROSA: *fährt ihm mit den Händen ins Gesicht*

Vorher wirst du in die Hölle eingehen, du Schurke!

DON TAMMARO:

Sokrates der erste hatte zwei Frauen
zu gleicher Zeit, und ich will auch zwei haben.

DONNA ROSA:

Und wer wird die neue Gattin sein?

DON TAMMARO:

Aspasia sei meine Frau!

DONNA ROSA:

[Ich schlage diesen Schuft noch grün und blau!]
Nun gut, wenn Sokrates zwei Frauen haben kann,
dann nehme ich mir einen zweiten Mann.

*Ippolito und die Vorigen*

DON TAMMARO: *sieht Ippolito*
Sieh da, der Herr Grieche
mit den beiden einbalsamierten Fledermäusen!

DONNA ROSA:
Und dieser Herr wird mein Mann sein.
Ippolito, reich mir die Hand!

IPPOLITO:
[Wie, was bedeutet denn das?]

DONNA ROSA:
[Das erfährst du noch, jetzt spiele bitte mit!]
Und nun mein Herr Philosoph,
was sagt Ihr dazu?

DON TAMMARO:
Es macht mir nichts aus.

DONNA ROSA:
Du könntest zuseh'n, wenn ich an der Seite von Ippolito
spazieren gehe, das Theater besuche und Feste feire?

DON TAMMARO:
Warum nicht, mein Liebling?
Es müssen heute alle Männer in den Ehen
sich mit sokratischer Geduld versehen.


Arie

DONNA ROSA:
Immer woll'n wir uns vergnügen,
wollen Feste feiern, mein Liebster.
*leise zu Ippolito*
Wird mein Mann sich darein fügen?
schau' ein wenig, was er macht!
Macht er garnichts?
*zu Don Tammaro*
Komm hierher!
Bist ein Mensch du oder Nilpferd?
Nun so sag, gib Antwort mir!

Du fühlst nicht mehr meine Liebe,
du hörst nicht, wenn ich dir fluche,

und du spürst nicht meine Hiebe:
Ist das etwa eine Krankheit?
Ist's ein Zauber? Was ist dir?

Ach ich fühl',
wie an den Tränen ich erstick',
wenn ich meine triste Lage überblick.
Die die Heirat einst vermittelt,
wär' die Kupplerin jetzt hier!


## Szene XI

*Don Tammaro allein, dann Cilla und Calandrino, später Meister Antonio*
Rezitativ

DON TAMMARO:
Was für ein überspanntes Gehirn!
Jedoch ich brauche es, damit das Meine
daneben umso glänzender erscheine.

CILLA:
Sokrates, habt Ihr mir den Latz gebracht?

DON TAMMARO:
Ach was, Latz, kleine Aspasia,
ich habe dir einen schönen Mann gebracht!

CILLA:
Einen Mann!
Und wann gebt Ihr ihn mir?

DON TAMMARO:
Sehr bald.

M. ANTONIO:
Frohe Botschaft, Meister Sokrates!
Das Arakel ist gelöst!
Opallo sagt ganz klar:
Wer was weiß, der weiß, wer weiß,
doch weiß nicht, ob er was weiß.
Nur wer weiß, daß er nichts weiß,
der weiß mehr als der, der weiß.
Sag mir, bist du der größte Esel?

DON TAMMARO:
Ja, den Göttern sei Dank!

M. ANTONIO:
  Dann bist du der Weiseste der Griechen.
DON TAMMARO:
  Ich neige mich vor dir, großer Apoll.
M. ANTONIO:
  Nun auf zur Akademie, du mußt deine Schüler unterrichten!
DON TAMMARO:
  Zerplatz' vor Neid, Xanthippe, alter Drachen!
  Es wird die Dummheit mich unsterblich machen.
  *geht mit M. Antonio ab*


## Szene XII


*Cilla und Calandrino*

                    Rezitativ
CILLA:
  Meine Güte, Sotakres ist weg,
  und er hat mir nicht gegeben, was er mir versprochen hat!
  Ich lauf ihm' nach.
  *will ab*
CALANDRINO:
  Warte! Du kannst mich verlassen
  nachdem du mich verwundet hast?
CILLA:
  Ich dich verwundet? Keine Spur!
  Was willst du mir da anhängen?
  Du willst mir die Polizei auf den Hals hetzen!
CALANDRINO:
  Hast du nicht gesagt, daß du mich liebst?
CILLA:
  Und das ist wie ein Messerstich gewesen?
CALANDRINO:
  O ja! Willst du mich zum Mann?
CILLA:
  Aber freilich!
CALANDRINO:
  Und wenn der andre käme und dich wollte?
CILLA:
  Dann nehm' ich alle beide.
  Glaubst du, ich kann nicht?

CALANDRINO:
Du liebe Unschuld!

CILLA:
Was ist, du lachst?
Du Affe, paß' auf, ich werde wild!
Ich bin nicht blöd,
mit dir kann ich mich messen,
ich hab' die Weisheit löffelweis' gefressen!

Arie

CILLA:
Bin noch ein Mädel,
aber kein Gänschen mehr.
In meinen Schädel
geht schon was rein.
Spinnen das kann ich gut,
kann's Rädchen drehen,
ich kann die Fäden ziehn
und kann auch nähen.

Geht wer spazieren
vor meinem Fenster,
kann ich poussieren
und albern sein.
Bin noch ein Mädel,
aber kein Gänschen mehr,
in meinen Schädel
geht schon was rein.

Nur wer ein Trottel ist,
kann mich verkennen.
Mich doof zu nennen,
find' ich gemein.

## Szene XIII

*Souterrain oder Keller, von „Sokrates" als Schule benutzt. Im Hintergrund eine rustikale, begehbare Treppe, über die man zu einer Galerie emporsteigt, die oben mit einer kleinen Tür abschließt, welche gleicherweise praktikabel ist. Auf einer Seite der Bühne eine andere Tür, von der man über einige Stufen zur Ebene herabsteigt, ebenfalls begehbar.*
*Donna Rosa, Lauretta und Ippolito, dann Emilia aus der unteren Türe,*

*darauf Don Tammaro, als Philosoph in antiker Manier gekleidet, gefolgt von Meister Antonio und vier seiner Schüler, die nach Art der Hirten der Basilicata angezogen sind.*

Rezitativ

DONNA ROSA:

Stille, kommt mit mir! Ich will heimlich beobachten,
welchen Unsinn mein Mann hier wieder macht.
Keine Angst, ich bleib' bei euch!
*Sie gehen die Treppe hoch und verbergen sich hinter der oberen Türe. Gleichzeitig erscheint Emilia bei der unteren Türe und zieht sich dann in ein Versteck zurück.*

EMILIA:

Und ich bleib hier,
und wenn es nottut, Vater, helf' ich dir.

M. ANTONIO:

Sei gegrüßt, Meister Sokrates!

DON TAMMARO: *steigt auf eine Tonne, unterstützt von Meister Antonio und seinen Schülern*

Danke, mein Plato, danke!

CILLA:

Meine Güte, sie haben Sotakres auf ein Pulverfaß gestellt!
Wollen die ihn in die Luft schießen?

CALANDRINO:

Aber geh! Er steht auf einem Rednerpult,
um seinen Schülern einen Vortrag zu halten!

DONNA ROSA: *wird von Zeit zu Zeit im oberen Teil sichtbar, von den anderen unbemerkt*

Verflucht, meine Rivalin! Was sie wohl hier treibt?

DON TAMMARO:

Wo nur Xanthippe mit dem Nachttopf bleibt?
*bemerkt Cilla*
Oh, Aspasia, willkommen!
Setz' dich an meine linke Seite,
und du, mein Plato, setz' dich an meine rechte!
Geliebte Schüler, es gibt zwei Fundamente
der Philosophie: Musik und Tanz.
Die Musik ist gut für den Schlaf
und dient der Erbauung,
die Gymnastik fördert die Verdauung.

Nun geh, Simmias, hol' mein neues Instrument!
Ich beschloß, drei Saiten
meines Tetracordes zu zerreißen
und nur eine einzige übrig zu lassen.
Indem ich die ganze Musik
auf eine Saite reduziere,
erziele ich eine größere Einheit;
das Spiel wird leicht und voller Reinheit.

M. ANTONIO:
Donnerwetter!
Wie kriegst du das alles in deinen Schädel?

DON TAMMARO:
So wie der antike Sokrates sein Daimonion hatte,
so hab ich das meine, das aus mir spricht.

CALANDRINO:
Hier ist das Instrument.*

M. ANTONIO:
Uijeh, das sieht ja aus wie ein Sarg!

DON TAMMARO:
Spitzt eure Ohren!
Nun, liebliche Aspasia, wirst du was Geniales hören!
Ich spiel' und singe diese Weise dir zu Ehren.
*lehnt das Instrument an den Schultern Calandrinos an und spielt*


Arie
DON TAMMARO:
Süße Augen, teure Sterne,
die im Antlitz der Liebsten blitzen,
ihr sprüht Feuer wie Haubitzen,
und mein armes Herz verglimmt.

Nun, was sagt ihr, ist die Geige
nicht von Amor selbst gestimmt?
Ihre Zaubertöne bringen
jede Leidenschaft zum Klingen.
Wollt ihr Kummer? Ahi, ah!
Wollt ihr Seufzer? Ehi, eh!

---

*) *Es ist eine Tromba marina (Nonnengeige), eine Art Monocord, die mit dem Bogen gespielt wird und einen geraden und langen Resonanzkasten hat.*

Wollt ihr Zürnen? Ohi, oh!
Wollt ihr Weinen? Uhi, uh!
Doch ich mag besonders gerne,
wenn man Liebeslust vernimmt.
Süße Augen, teure Sterne,
ja, ich mag besonders gerne,
wenn man Liebeslust vernimmt.

Rezitativ

CALANDRINO:
Bravissimo!
DON TAMMARO:
Hat dir der Gesang gefallen, Aspasia?
CILLA:
Und ob, es hat sich angehört wie ein Hund,
der geprügelt wird.
DON TAMMARO:
Arme Kleine! Nicht jedem ist's gegeben
auf Wolken des Olymps zu schweben.
M. ANTONIO:
Auf, auf, Sokrates!
Wir wollen dich als Triumvater ehren!
Und ihr, meine Kinder,
sollt um ihn hüpfen und springen,
und die griechischen Wörter,
die ihr gelernt habt, singen.

Finale

*Die Schüler des Don Tammaro singen und springen, um sich in der Gymnastik zu üben, ebenso wie die Solisten, mit Ausnahme von Cilla, die in einer Ecke sitzt und sich mit ihren Stoffetzen und Puppen vergnügt.*

a) Chor und Tanz

CHOR:
Andron apanton
Socrates sofotatos *)
M. ANTONIO:
Anton, das kommt davon,
's war zu fett, da kotzt das Roß.

---

*) Von allen Menschen ist Sokrates der gelehrteste.

DON TAMMARO:
Ton d'apamibomenos.
CHOR:
Andron apanton
Socrates sofotatos.
*Beim Springen geraten sie in Verwirrung, stoßen aneinander und fallen zu Boden.*
M. ANTONIO:
Au, meine Schulter, Karambolage!
CALANDRINO:
Ich komm' in Rage,
spring in die Höhe.
DON TAMMARO:
Mein Kopf, o wehe!
CALANDRINO:
Mein Arm, o Himmel!
M. ANTONIO:
So ein Gewimmel!
Verdammt, mein Bein!
CILLA:
Wie die da aussehn, das ist ja heiter!
DON TAMMARO:
Ist was gebrochen?
CALANDRINO:
Ich kann nicht weiter.
M. ANTONIO:
O, meine Knochen, ich armes Schwein!
DON TAMMARO:
Ruhe, pausieren wir!
*schulmeisterlich*
Wenn man zu Boden fällt
und sich vielleicht dabei
auch ein paar Rippen bricht,
so ist das lediglich
Schwerpunktsverlagerung,
und man verliert dadurch
sein Gleichgewicht.
M. ANTONIO:
Zum Teufel, hört ihr das?
Man braucht 'nen Sokrates

zu wissen, wie man sich
den Nacken bricht.

CILLA:
Macht das doch noch einmal!
Ich lach mich krumm.

CALANDRINO:
Gebt acht, jetzt komme ich
in vollem Lauf!

DON TAMMARO:
Es lebe Simmias! Er läuft euch um!

CALANDRINO:
Paßt auf mich auf!

M. ANTONIO:
Kommt, setzt dem Sokrates
die Krone auf!

CHOR:
Andron apanton
Socrates sofotatos.

M. ANTONIO:
Verzeih' wenn ich als Krone
nur Eichenlaub dir reiche!
*setzt ihm einen Kranz aus Gräsern auf den Kopf*
Was dir vielmehr gebührte,
ist eine ganze Eiche.
Doch wenn die auf dem Kopfe liegt,
ist sie für dich zu schwer.

DON TAMMARO:
Ich nehme diese Krone
und brauch' noch andre Kränze,
daß mit mir auf dem Throne
Aspasia erglänze.
Aspasia, erweisen wir
dem Vaterland die Ehr'!

CALANDRINO:
[Verdammt, was soll das heißen?
Jetzt wird es mir zu dumm.]
*Donna Rosa taucht plötzlich mit Ippolito auf, der eine Gitarre bringt ;
Lauretta und die Vorigen*

DONNA ROSA:
Platz da, Platz da . . .

IPPOLITO:
Aus dem Wege . . .
LAURETTA:
Kommt den Beiden
nicht ins Gehege!
DONNA ROSA:
Steige runter!
DON TAMMARO:
Und warum?
DONNA ROSA:
Runter, runter!
*läßt Don Tammaro vom Faß heruntersteigen und klettert hinauf*
DON TAMMARO:
Und warum?
DONNA ROSA:
Übers Spielen der Gitarre
halt ich ein Kollegium.
DON TAMMARO:
Sauerei, Sauerei!
DONNA ROSA: *zu Ippolito*
Und das Lied, das ich jetzt singe,
will ich dir, mein Liebster, weihn.
DON TAMMARO:
Ketzerei, Ketzerei!
IPPOLITO:
Die Gitarre werd' ich schlagen,
um die Ohren zu erfreun.
DON TAMMARO:
Ich verstopfe meine Ohren.
IPPOLITO:
Du bezauberst mit deinem Singen
und beglückst das Publikum.
DON TAMMARO:
Gegen mich seid ihr verschworen . . .
DONNA ROSA:
Halt den Mund und bleibe stumm!
DON TAMMARO:
Ihr Verräter, ihr Verräter!
LAURETTA, IPPOLITO, CALANDRINO:
Seid doch still, jetzt reicht es mir!

DON TAMMARO:
Missetäter, Missetäter!
CILLA, ANTONIO:
Nicht so laut! Was suchst du hier?
DON TAMMARO:
Großer Gott, das bringt mich um!

### b) Kavatine

*Ippolito spielt Gitarre und Donna Rosa singt, während Don Tammaro wütet, sich schmerzlich krümmt und sich die Ohren verstopft.*

DONNA ROSA:
Mußte mich denn mein Schicksal dazu erwählen,
mußte mein Los mich erwählen,
dir undankbarem Mann mein Herz zu weihen?
Mußt du nun, du Tyrann, mich so sehr quälen?
Vermagst du gar an meinem Leid dich noch zu erfreuen?
CILLA, LAURETTA, IPPOLITO, CALANDRINO:
Bravo, Bravo . . .
M. ANTONIO, DON TAMMARO:
Geht zum Henker . . .
DONNA ROSA:
Ruhe jetzt, und kein Geschrei!
Ich will's euch, ihr Schäflein, zeigen:
nehmt die Zithern und die Geigen,
Tarantella laßt erklingen!
Jetzt will ich das Tanzbein schwingen,
ich bring euch Gymnastik bei.

### c) Tarantella

*Die Schüler des Don Tammaro nehmen ihre Zithern und Geigen und spielen die Tarantella. Donna Rosa tanzt und ruft alle, einen nach dem anderen, auf den Platz.*

DON TAMMARO:
Umsonst hab ich meinen Schweiß verschwendet!
M. ANTONIO:
Man hat die Akademie geschändet!
LAURETTA, DONNA ROSA:
Wie gut Gymnastik tut,
und die Musik ist gut!
IPPOLITO, CALANDRINO, DON TAMMARO:
Das ist ein Höllenspuk,

der euch verschlingen soll!
Du kannst zum Teufel gehen,
du falsches Schülerpack,
jedoch in Griechenland
hört man mich an.

LAURETTA, IPPOLITO:
Was für ein Schauspiel, ha, ha, ha!

DONNA ROSA:
Er ist von Sinnen, ha, ha, ha!

CALANDRINO:
Er schnappt gleich über, seht ihn euch an!

M. ANTONIO:
Oh, wie die Welt nur so dumm sein kann!

CILLA:
Er gab mir immer noch keinen Mann.

*Don Tammaro jagt seine Schüler mit einem Knüppel weg und verfolgt sie. Diese fliehen, und alle gehen nach, außer Ippolito, der von Emilia überrascht wird. Emilia kommt und überrascht Ippolito, der allein geblieben ist.*

### d) Duettino

EMILIA:
Bleibe, du Betörter, und sag' mir:
wo steht es denn geschrieben,
daß, um das Kind zu lieben,
den Vater man verletzt?

IPPOLITO:
Geliebte Emilia, verzeihe:
es stimmt, daß ich ihn kränke;
doch wurde mir, bedenke,
ein harter Schlag versetzt.

EMILIA, IPPOLITO:
Hat man in meinem Herzen
die Furien aufgehetzt?

### e) Stretta

*Don Tammaro kehrt mit Antonio auf die Szene zurück, darauf alle*

DON TAMMARO:
Ich kann nicht weiter,
das ist zuviel für mich:
komm Plato, töte mich,
ende die Pein.

M. ANTONIO:
> Ich würd' dir herzlich gern
> den Gefallen tun,
> doch hängt am Galgen
> dann mein Gebein.

CILLA:
> Und einen Gatten werd ich frei'n.

LAURETTA:
> Welch schöne Szene, ha, ha, ha!

DONNA ROSA:
> Er ist ein Esel, ha, ha, ha!

CALANDRINO:
> Er ist von Sinnen, laßt ihn doch sein!

EMILIA, IPPOLITO:
> Bricht denn ein Donnersturm auf mich herein?


Ende des 1. Aktes


ZWEITER AKT
Szene I
*Zimmer. Lauretta, Cilla und Calandrino*
Rezitativ

CALANDRINO:
> Lauretta, führe Cilla zu Donna Rosa und sag' ihr,
> ich hätte meine Narrheit eingesehen
> und würde ganz auf ihrer Seite stehen.

LAURETTA:
> Was hat dich plötzlich umgestimmt?

CALANDRINO:
> Ich will nicht, daß das Spiel ein schlimmes Ende nimmt.
> Bald, meine süße Ciletta, bin ich wieder bei dir.
> Bis dahin kein Wort zu Sokrates!

CILLA:
> Das braucht Ihr mir nicht zu sagen.
> Der Geizhals hat mir nicht einmal einen Fetzen gegeben!

CALANDRINO:
> Und wenn er nochmal von Heirat spricht?

CILLA:
> Da heirat' ich lieber einen Esel!

CALANDRINO:

Hast du vergessen, Cilla, ich mache dir den Hof!

CILLA:

Ich hab' Euch ja gemeint! Mensch, seid Ihr doof!

LAURETTA:

Ein schönes Kompliment!

CILLA:

Da ist Euch wohl die Spucke weggeblieben?
Ja, ja, ich bin 'ne Frau, und Frauen sind durchtrieben!

Terzett

CILLA:

Wenn die Frauen euch empfangen:
sei willkommen, Liebster mein!
denken diese falschen Schlangen:
blöder Hund, laß' mich allein!

CALANDRINO:

Laura, Laura, kann das sein?

LAURETTA:

Sie versucht, mit Euch zu scherzen,
und die Wahrheit zu verdrehn.
Frauen haben gute Herzen,
und an mir kann man das sehn.

CILLA:

So ein Quatsch, das sind doch Lügen.

LAURETTA:

Du mußt dich der Wahrheit fügen.
Wir sind sanfter als die Tauben . . .

CILLA:

Weh' den Männern, die uns glauben!

LAURETTA:

Wir sind rein und keusch und ehrlich . . .

CILLA:

Wir sind falsch und sehr gefährlich . . .

LAURETTA:

Treu und zärtlich sind wir Frauen,
beten unsre Männer an.

CILLA:

Dieser Kuh darf man nicht trauen,
die ist scharf auf einen Mann.

CALANDRINO:

Streitet euch nur immer weiter,
ich hab' meinen Spaß daran.

## Szene II

*Calandrino, Donna Rosa und Ippolito*
Rezitativ

DONNA ROSA:

Nun, Herr Bibliothekar ohne Bibliothek,
habt Ihr endlich erkannt,
daß mein Mann ein Dummkopf ist?

CALANDRINO:

Wer merkt das nicht?

IPPOLITO:

Und doch scharwenzelst du
und kraulst ihm seinen Bart?

CALANDRINO:

Was soll man tun, mein Herr?
Die Zeiten sind sehr hart.
Auch wenn wir manchesmal vor Wut zerplatzen:
wenn es die Herren juckt, dann müssen wir sie kratzen.
*Ippolito sieht Don Tammaro kommen, zieht sich zurück und beobachtet
heimlich die Szene*

## Szene III

*Donna Rosa, Don Tammaro und Calandrino*
DONNA ROSA:

Du, he, Tammaro!

DON TAMMARO:

Tammaro! Wer ist Tammaro?
Nur Sokrates erblick' ich hier im Zimmer.

CALANDRINO: *zu Donna Rosa*

Erzürnt ihn nicht!
Ihr macht es nur noch schlimmer!

DONNA ROSA:

Müssen wir uns denn immer in den Haaren liegen?

DON TAMMARO:

Wer ist schuld? Du!

DONNA ROSA:

Frechheit! Du bist schuld!

DON TAMMARO:

Es macht dir wohl nichts aus,
die Akademie zu entweihen?

DONNA ROSA:

Es macht dir wohl nichts aus,
mir Çilla vorzuziehen?

DON TAMMARO:

Cilla? Wer ist Cilla?
Aspasia, Aspasia!
Das dritte Kissen meines Betts ist für sie da.

CALANDRINO:

Oh Gott!

DONNA ROSA: *zu Calandrino*

Reg' dich nicht auf, du sprichst mit einem Irren.

CALANDRINO:

Wollt Ihr nicht doch Eure Tochter Ippolito geben?

DON TAMMARO:

Nur langsam! Ich weiß schon, wie man zwei Fliegen
mit einer Klappe schlagen kann.
Es muß sich Plato meinem Plane fügen,
und Don Ippolito soll meine Tochter kriegen.

DONNA ROSA: *Umarmt ihn*

Ah, mein teuerster Gatte!

CALANDRINO: *küßt ihm die Hand*

Unsterblicher Sokrates!

DONNA ROSA:

Kann die Hochzeit schon heut' abend sein?

DON TAMMARO:

Heute abend? Jetzt, sofort, augenblicklich!
Ruft Don Ippolito! Ruft meine geliebte Tochter!
Hochzeit, Hochzeit!
Mit neuem Stoff versorge ich Laertius noch heute.

DONNA ROSA:

Das ist ja herrlich!

CALANDRINO:

[Heil und Sieg und fette, fette Beute!]

Arie

CALANDRINO:

So einen Weisen
hat man noch nie erlebt,

man wird Euch preisen,
und Eure Glorie schwebt
über die Erde hin
wie ein Ballon.

„Sokrates", „Sokrates" jubelt der Eskimo,
„Sokrates" schnattert der Pinguin ebenso.
Und aus dem Höllenschlund
antwortet Satan:
„Sokrates, Sokrates"
mit hohlem Ton.
[Cilla, mein Augenstern
wird doch die meine sein,
in meinem Schlafgemach
seh' ich sie schon.]

## Szene IV
### Rezitativ

*Donna Rosa, Don Tammaro, dann Emilia, Lauretta und Calandrino, der*
*zurückkehrt. Ippolito von einer Seite und Meister Antonio von der andern.*

DONNA ROSA:
   Komm, Ippolito, komm nur, Emilia ist dein!
IPPOLITO:
   Wie denn? Ist das auch wahr?
DON TAMMARO:
   Komm her mein Plato.
M. ANTONIO:
   Ist alles klar?
EMILIA:
   Was mir mein Vater sagt, das soll geschehen.
LAURETTA:
   Ich bin gespannt. Was kriegen wir zu sehen?

### Orchester-Rezitativ

DON TAMMARO:
   Meine Tochter, du weißt,
   ich gelte bei den Leuten als dein Vater
   aus gewichtigen Gründen:
   ich bin schließlich und endlich
   nicht deine Mutter.

Es entspricht wohl der Wahrheit,
daß du mein Kind bist,
und du sollst erkennen,
welch Unterschied besteht
zwischen Vater und Vater.

Viele stürzen die Töchter
in Tod und Verzweiflung,
weil sie ihnen keinen Mann geben.
Ich aber möchte, um klug zu disponieren,
dir zwei Gatten auf einmal präsentieren.
Heirate alle beide!
Die Welt soll sehen,
daß für Weise
Probleme nicht bestehen.

Arie

DON TAMMARO:
Söhne, wenn auch nicht Brüder,
seht eure Frau hier stehen:
seid beide, seid ihr ein würdiger Mann!
Tochter, komm' bitte nieder,
beeil' dich mit den Wehen,
damit ich auf dich stolz sein kann!

Die ew'gen Sterne sagen mir,
daß bald dein Leib gesegnet wird
mit Mystikern, Politikern,
Historikern, Antiquaren,
und von der ganzen Nation
trägst du, mein lieber Schwiegersohn,
und trägst auch du, mein Schwiegersohn,
tragt ihr den größten Ruhm davon,
für jetzt und alle Zeit.
So sehe ich die Zukunft
in meiner Dämlichkeit.


## Szene V
*Donna Rosa, Emilia, Lauretta, Ippolito, Meister Antonio und Calandrino*
Rezitativ

M. ANTONIO:
Na los, Kamerad,

da wir nun einen gemeinsamen Schatz besitzen,
*Nimmt ein Kartenspiel aus der Tasche*
lassen wir das Kartenspiel entscheiden,
wer sich als Erster 'ranmacht von uns beiden.

IPPOLITO:
Jetzt reißt mir die Geduld!
Wenn du noch einmal von Heirat mit Emilia sprichst,
dann bringe ich dich um.

M. ANTONIO:
Oho, du Holzkopf, glaub' nicht,
du hast es hier mit Meister Sokrates zu tun!
Der steckt die Prügel ein,
aber ich hab' eine andere Phisolophie:
ich hau' zurück und schmeiß' mit Steinen.

IPPOLITO: *Stürzt sich auf ihn, wird aber zurückgehalten*
Na, warte!

EMILIA:
Ippolito!

LAURETTA:
Was tut Ihr?

M. ANTONIO:
Ich schlage dich, daß deine Knochen krachen.

IPPOLITO:
Laßt mich doch bitte los!

DONNA ROSA:
Was willst du machen?

                    Arie

IPPOLITO:
Du sollst noch an mich denken,
den Hochmut will ich brechen,
Hochmut und Stolz,
du sollst an mich denken,
die will ich dir zerbrechen.
Wagst du es, mich zu kränken?
Warte, ich werd' mich rächen,
weil es die Liebe will.
Mein Zorn will nicht erkalten,
ich kann mich kaum noch halten,
nein, nein,
das Herz, es schweigt nicht still.

*Nach Beendigung der Arie bearbeitet er Meister Antonio mit Fußtritten und treibt ihn damit hinaus. Calandrino und Lauretta folgen dicht hinterher.*

## Szene VI
*Donna Rosa, Emilia, Lauretta, Ippolito und Calandrino*

### Rezitativ

IPPOLITO:
Emilia, willst du noch immer
durch die Narrheit deines Vaters leiden?
Du mußt dich endlich mal für mich entscheiden.

EMILIA:
Nun ja, bestimmt mein Vater mich für dich alleine,
dann geb' ich dir die Hand, und bin die Deine.

IPPOLITO:
Ah, Calandrino, sag' was man da macht!

CALANDRINO:
Ich hab' mir schon was Tolles ausgedacht.

DONNA ROSA:
Was willst du tun?

CALANDRINO:
Hört mich . . . verdammt,
da kommt Euer Mann! Versteckt Euch!
*Donna Rosa, Emilia und Ippolito ziehen sich zurück.*

## Szene VII
*Lauretta, Calandrino, gleich darauf Don Tammaro und Meister Antonio*

LAURETTA:
Und was mach' ich?

CALANDRINO:
Wenn ich mit unserm Herrn verschwinde,
dann halt' Antonio auf mit irgendwelchen Fragen!

DON TAMMARO:
Was sagst du da, man hätte dich geschlagen?

M. ANTONIO:
Wie einen Ochsen . . .
*deutet auf Lauretta und Calandrino*
das sind die Zeugen.

LAURETTA:
Er tat mir wirklich leid.

CALANDRINO:

Mir blutete das Herz.

DON TAMMARO:

Die Geduld ist die Straße der Tugend,
die Schläge sind die Straße der Geduld;
der Weise und der Esel sind Spiegelbilder,
und wen die Götter lieben,
beschenken sie mit Hieben.

CALANDRINO:

Sokrates, habt Ihr Euer Daimonion schon befragt,
was es zu dieser Eheschließung sagt?

DON TAMMARO:

Nein, teurer Simmias.

CALANDRINO:

Dann ist es höchste Zeit!
Kommt sofort zur Grotte!
Dort bittet das Daimonion, sich zu zeigen,
genau so wie den Schatten von Cäcilia,
Euer erstes Weib und Mutter von Emilia.

*Don Tammaro und Calandrino gehen ab.*

### Szene VIII

*Lauretta und Meister Antonio*

M. ANTONIO: *will Sokrates folgen*

Wohin geht Ihr, Meister Sokrates?

LAURETTA:

Bleibt hier! Er muß sich mit seinem Daimonion besprechen
und alleine bleiben.

M. ANTONIO:

Gute Reise! Und ich werde zu meiner Tochter gehen.

LAURETTA:

Bin ich ein Krokodil?
Was treibt Euch von mir fort?

M. ANTONIO:

Ich fliehe nicht vor dir, ich flieh vor jenem dort.

LAURETTA:

Ach was, so gebt doch zu, Herzloser,
daß Ihr mich nicht mehr so lieb habt wie früher.

M. ANTONIO:

Willst du wirklich, daß Ippolito kommt? Auf Wiedersehen!

LAURETTA:
  So verschmäht Ihr meine Liebe?
M. ANTONIO:
  Wir reden später.
LAURETTA:
  Sagt mir zumindest . . .
M. ANTONIO:
  Verflucht, daß dich die Pest befalle!
  Du saugst dich an mir fest wie eine Qualle.

Arie

M. ANTONIO:
  Sagt' ich nicht auf Wiedersehen?
  Sagt' ich nicht, ich will jetzt gehen?
  Doch du redest und bleibst stehen,
  und du spielst hier die Kokette,
  hängst an mir wie eine Klette!
  Keine gibt's in ganz Neapel,
  die mich so wie du sekkiert.
  Und du weißt, daß dieser Mann
  augenblicklich hier sein kann,
  und der hat mich malträtiert.
  Du wirst sehn, daß er sich schließlich
  mit uns beiden prügeln wird.


Szene IX

*Schaurige Grotte, in die durch einige Öffnungen, die sich mit der Zeit in ihrem Gewölbe gebildet haben, nur wenige Lichtstrahlen eindringen. Die Hälfte des Prospekts weist eine alte unbearbeitete Mauer auf, mit einer großen Tür aus alten Brettern, die mit einem Riegel verschlossen ist. Die andere Hälfte des Prospektes wird von vielen Bögen gebildet, die mit einem Meißel in den Stein gehauen sind.*
*Don Tammaro mit einer Leier, Calandrino und Chor der Furien.*

Rezitativ

CALANDRINO:
  Hier ist die Grotte.
  Beschwört jetzt Euren Freund Daimonion
  und den Schatten von Cäcilia!
  Ich stünd' Euch gern zur Seite,

doch störe ich hier nur,
drum such' ich rasch das Weite.

DON TAMMARO:
  Calimera, Calispera,
  Calispera, Calimera.
  Agatonion, Demonion,
  Pederaticon, Socraticon.
CHOR DER FURIEN:
  Wer dringt mit Harfenspiel
  in diesen Schreckensort,
  singt hier mit griechischem,
  grausigem Jammerton,
  der uns mit Angst erfüllt
  vom Kopf zum Zeh?

---

Tanz der Furien

---

*Die Furien tanzen um Don Tammaro herum und schwenken feindselig ihre Fackeln.*
  Stürzt den Verwegenen
  tief in den Höllenschlund!
  In seinem Totenkopf
  brüht dann Proserpina
  Kräuter und Gräser auf
  für ihren Tee.

Kavantine und Chor

DON TAMMARO: *zitternd*
  Simmias, Simmias, zu Hilfe, o je, o je!
  Liebe Furien, ich muß eilen . . .
FURIEN:
  Nein!
DON TAMMARO:
  Soll ich hier verweilen?

FURIEN:
  Ja!
DON TAMMARO:
  Verschont mich, schöne Furien,
  seid so lieb, tut mir nicht weh!
CHOR:
  Elendes Trampeltier,
  sage, was suchst du hier
  in diesem stinkenden
  düsteren Höllendunst?
  Warum erscheinst du hier
  zitternd und bleich?
  Hier herrscht nur Todesqual,
  jammernder Klagelaut,
  schmerzende Zuckungen,
  rasende Leidenschaft,
  und da getraust du dich
  in unser Reich?

Kavantine

DON TAMMARO:
  Ich bin Sokrates,
  und voll Demut ruf' ich mein Daimonion an,
  such' den Schatten von Cäcilia,
  daß ich ihn was fragen kann.
CHOR:
  Würdiger Sokrates, komme nur,
  dir steht des Teufels Haus ganz zur Verfügung!
  Schon tut das Eisentor sich vor dir auf.
  Komme nur!


Szene X

*Es donnert krachend nach einem Blitz von grellstem Licht, und die Szene füllt sich mit unzähligen beweglichen Sternen. Die Türe des Prospekts öffnet sich, und auf einer kleinen Maschine, gebaut in der Form eines Wagens, sieht man Donna Rosa als Schatten der Cäcilia sitzen, mit Blumen geschmückt, und Ippolito, auf bizarre Art als Daimonion verkleidet.*
*Donna Rosa, Ippolito und die Vorigen.*
*Don Tammaro fällt bei diesem unerwarteten Anblick, von schrecklicher Angst erfaßt, zitternd auf die Knie.*

DONNA ROSA:

Ihn zu sehn, den teuren Gatten,
kehr' ich heut hierher zurück.
Deiner Macht dank' ich, armer Schatten,
und ich danke meinem Geschick.

IPPOLITO:

Ihn zu sehn, den teuren Gatten,
kehrst du heut hierher zurück.
Meiner Macht dankst du, armer Schatten,
und du dankst auch deinem Geschick.
*Sie steigen vom Wagen herunter.*

Rezitativ

IPPOLITO:

Sokrates, hier ist Cäcilia,
und dein Daimonion ist hier.
Rede, wenn du willst!

DON TAMMARO: *da er sieht, daß Donna Rosa eine kleine schwarze Maske vor dem Gesicht trägt, um nicht erkannt zu werden.*
Aber was ist das Schwarze,
das sie im Gesicht hat?

IPPOLITO:

Bei der Überfahrt über den Fluß Acheron
ist ihr ein Wassertropfen ins Gesicht gespritzt
und hat sie verbrannt.

DON TAMMARO:

Donnerwetter!
Und wie fühlst du dich jetzt, meine Liebe?

DONNA ROSA:

Grausamer, wer die Tochter quält,
haßt die Mutter.

DON TAMMARO:

Du täuscht dich, geliebter Schatten.

IPPOLITO:

Sokrates, es ist zwecklos,
dein Verbrechen zu leugnen.
Gegen meinen Willen
willst du deine Tochter mit Antonio vermählen
und sie durch diesen Bund zu Tode quälen.

DON TAMMARO:
Doch Plato . . .

IPPOLITO:
Was redest du von Plato?

DON TAMMARO:
Hört, Herr Daimonion:
ich träumte von einem aufgeblasenen Truthahn
mit purpurnem Kopf.
Am Morgen kam Antonio zu mir,
und ich erkannte in dem Truthahn den Barbier.
Ich dachte an den Traum des Sokrates von einem Schwan,
und nahm Antonio als zweiten Plato an.

DONNA ROSA:
Du bist ein Dummkopf!

DON TAMMARO:
Ein Dummkopf?

DONNA ROSA:
Jawohl! Ist es vielleicht weise,
eine zweite Frau zu nehmen,
deiner Tochter zwei Männer zu geben?

DON TAMMARO:
Aber die Bevölkerungspolitik . . .

DONNA ROSA:
Wär' ich kein Geist, ich bräch' dir das Genick!

IPPOLITO:
Sokrates! Genug jetzt!
Ippolito heiratet Emilia,
Calandrino wird der Mann von Cilla,
und Antonio wird wieder den Rasierschaum schlagen.

DON TAMMARO:
Mein Herr Daimonion, laßt Euch doch sagen . . .

DONNA ROSA:
Du weißt nicht, was für eine gute Frau
dir Donna Rosa ist.
Du darfst sie nie mehr kränken,
dein ganzes Hab und Gut sollst du ihr schenken!

Orchester-Rezitativ

DONNA ROSA:
Du Schurke, du willst dich widersetzen?

Du Schändlicher!
Ich verlaß' dich, flieh' dich
und kehre zurück ins Reich der Schatten,
voller Zorn auf den Gatten,
überquere von neuem den Acheron als Tote.
Will Charon mit dem Boote
mich nicht rübergeleiten,
zieh' ich den Rock hoch,
um durch das Wasser zu schreiten.
Doch ich komm' wieder,
gespensterhaft und häßlich,
düster gekleidet und gräßlich.
Du sollst bei Tag und Nacht vor Angst vergehen!
Sokrates zittre! Bald ist's um dich geschehen.

## Arie

DONNA ROSA:

Wenn du merkst, daß auf einmal die Augen
wie zwei dicke Ballone dir schwellen,
ja, dann sag' dir, das waren die Stellen,
wo Cäcilia mich traf mit der Faust ins Gesicht.
Damit endet die Sache noch nicht.

Ich geh' auch mit Antonio und Cilla ins Gericht:
ich trete sie und schlage sie,
ich kenne keine Gnade,
mach' sie zu Marmelade,
ich schinde sie und schlachte sie,
wie man ein Schwein ersticht.

Ich weiß, es muß mein Schatten
dafür im Kerker schmachten
bis ihm das Auge bricht.

## Rezitativ

IPPOLITO:

Sokrates, was ist nun?

DON TAMMARO:

Mein Herr Daimonion, ich bin entschlossen,
alles das zu tun, was Ihr Euch ausbedungen.
Auf Wiedersehn!

IPPOLITO:
Der Streich ist uns gelungen!


Szene XI

*Donna Rosa, Ippolito, Emilia, dann Lauretta*
DONNA ROSA:
Emilia, bist du zufrieden?
Der Weg ist frei, wir sind nun fast am Ziel.
EMILIA:
Und trotzdem habe ich ein schreckliches Gefühl.
LAURETTA: *atemlos*
So ein Pech, das hat uns noch gefehlt!
DONNA ROSA:
Was ist?
LAURETTA:
Diese schwachsinn'ge Cilla hat durchs Schlüsselloch gesehen,
wie Ihr Euch verkleidet habt,
und hat ihrem Vater alles erzählt.
DONNA ROSA:
Verdammt noch mal, das ist die Höhe!
IPPOLITO:
Es hat der Himmel sich von uns gewendet.
EMILIA:
Er will nicht, daß mein Leiden jemals endet.


Szene XII

*Calandrino und die Vorigen*
CALANDRINO:
Meine Herrschaften, die Sache ist geplatzt!
DONNA ROSA:
Wir haben's schon gehört.
LAURETTA:
Signora, Wut hilft hier gar nichts.
Wir müssen ruhig überlegen.
CALANDRINO:
Als Sokrates muß er doch mal
das Gift des Schierlings trinken.
Wir lassen ihn durch einen Trank
in tiefen Schlaf versinken.

Der Glaube, daß ihn nun der Tod ereilt,
bewirkt vielleicht, daß dieser Schlaf ihn heilt.

DONNA ROSA:

Ich finde den Gedanken gar nicht dumm.

CALANDRINO:

Dann rasch ans Werk! Kommt mit und zieht Euch um!
*geht mit Donna Rosa und Ippolito ab*

LAURETTA:

Signorina, was ist? Gehn wir zum Papa?

EMILIA:

Wie könnt' ich vor ihn treten?
Er hat ja den Betrug entdeckt.

LAURETTA:

Doch weiß er nichts von Euch.

EMILIA:

Er merkt's, weil ich ihm nichts verbergen kann.
Die Röte meiner Wangen klagt mich an.

Arie

EMILIA:

Ich hör' die mahnende Stimme,
mich peinigt mein Gewissen,
hat mir die Brust zerissen,
bricht mir das Herz entzwei.

Liebe, wie bist du grausam!
Du willst, daß ich mich quäle,
daß meine reine Seele
fortan vergiftet sei.


Szene XIII

*Zimmer. Don Tammaro und Cilla*
Rezitativ

DON TAMMARO:

Sie hatten sich also verkleidet?

CILLA:

Ja, Herr, sie war mit einem weißen Hemd als Nonne,
und er ganz schwarz als Kohlenhändler angezogen.

DON TAMMARO:

Es wird mir klar, sie haben mich betrogen,
mich Sokrates! Oh Götter! Wohin willst du?

CILLA:
Ich muß nachschaun,
ob meine Puppe wachgeworden ist.
In ihrer Wiege liegt sie ganz allein,
und wenn sie aufwacht, fängt sie an zu schrein.
DON TAMMARO:
Warte noch, Aspasia,
ich will dir den versproch'nen Mann jetzt geben.
CILLA:
Ihr haltet mich für doof,
das glaub' ich nie im Leben.
Ihr habt mir nicht mal 'nen Latz geben können,
damit ich mir 'ne Puppe machen kann.
Und da versprecht ihr mir 'nen ganz lebend'gen Mann?
DON TAMMARO:
Du wirst's gleich seh'n.
Bleib hier, ich bin sofort zurück!

Szene XIV
*Donna Rosa, Lauretta, Emilia, die im Hintergrund bleibt, Ippolito, dann*
*Calandrino, die Vorigen.*
DONNA ROSA:
Bleib da, mein Mann, 'nen Augenblick!
DON TAMMARO:
Hinweg von mir, ruchlose Frevler!
Ihr habt die ruhelosen Schatten
und mein Daimonion entehrt.
DONNA ROSA:
Ach mein Herz, erzürne dich nicht
über einen kleinen Scherz, den wir uns erlaubten!
Sei gefaßt auf einen schweren Schlag.
IPPOLITO:
Oh, welch ein Schreckenstag!
DON TAMMARO:
Was ist los? Redet!
DONNA ROSA:
Da kommt Simmias, du kannst ihn fragen.
CALANDRINO:
Laßt, Herr, das letzte Lebewohl Euch nun sagen.

DON TAMMARO:
Das letzte Lebewohl? Wieso?

CALANDRINO:
O Gott, die Priester und die Musiker Athens,
sie haben dich verklagt,
du hättest dein Daimonion schlecht behandelt,
du seist ein Mörder der Musik und guter Sitten,
und daraufhin hat dich der Areopag zum Tod verurteilt.
Sokrates, erbleichst du?

DON TAMMARO:
Oh, keineswegs!
Der Tod ist für uns Sokratesse,
als ob man eine Pizza äße.
Was ist denn dieses Leben überhaupt?
Es ist etwas, das nicht mehr ist,
nachdem man es uns raubt.
Ich vermache dem Äskulap meinen Truthahn,
denn der andere Sokrates hat ihm einen Hahn hinterlassen.
Und dich, Xanthippe, bitte ich,
zumindest in der Todesstunde mich zu ehren
und über meinem Kopf den Nachttopf auszuleeren.

CALANDRINO:
Es ist zu spät,
da ist schon Plato mit den beiden Richtern aus Athen,
um dir den Becher mit dem Gift zu bringen.

DONNA ROSA, IPPOLITO, LAURETTA, EMILIA: *sie erheben die
Stimme und geben vor, in heftiges Weinen auszubrechen.*
Entsetzlicher Augenblick!

EMILIA:
Ich kann das nicht ertragen!

CILLA:
Was ist denn? Da kriegt man ja die Würmer!

DON TAMMARO:
O Götter!

CALANDRINO:
Seid standhaft! Der alte Sokrates, Ihr wißt,
ging lachend in den Tod
und konnte seinen Ruhm dadurch erhöhen.

DON TAMMARO:

Dann soll die Welt auch mich
beim Sterben lachen sehen.

Letzte Szene
Zweites Finale

*Meister Antonio, der schweren Schrittes den Becher mit dem Gift bringt,
begleitet von zwei Leuten, die als Richter aus Athen gekleidet sind, und die
Vorigen, in unterschiedlich tragischer Haltung.*

M. ANTONIO: *weinend*

Mein Meister, man läßt aus Griechenland
hier diesen Brei dir bringen.
Zerplatzen und zerspringen
soll dort die Obrigkeit!

CALANDRINO:

So lacht doch, so lacht doch!

DON TAMMARO:

Ha, ha, ha,
wie herrlich, daß solche Gnade
mir Griechenland verleiht.

CALANDRINO:

Eil dich!
Man soll dich jetzt gerade
nicht feige nennen dürfen!

M. ANTONIO:

Vorwärts, vorwärts!
Du mußt die Brühe schlürfen,
es wird nun langsam Zeit.

DON TAMMARO:

Wohlan denn, wohlan denn!
Ich bin dazu bereit.

CALANDRINO:

So lacht doch, so lacht doch! .

DON TAMMARO:

Ha, ha, ha,
reicht mir den Becher!
Athen, erfüllt sei dein Begehren!
Frauen, ihr Freunde, addio . . .
Als Esel gebar man Sokrates,

als Esel bringt man ihn um.
*Er trinkt mit verzerrtem Mund.*

EMILIA, LAURETTA, DONNA ROSA, CALANDRINO,
M. ANTONIO, IPPOLITO:
Wie grausig ist das anzusehn!
Die Frist ist bald herum.

CILLA:
Kein Aas hält dies Gejammer aus!
Warum seid ihr nicht stumm?

DON TAMMARO:
Frauen, ihr Freunde, addio . . .
als Esel gebar man Sokrates,
als Esel bringt man ihn um.

*Er stellt den Becher auf das Tablett zurück, sinkt auf einen Sessel und bedeckt sich das Gesicht mit einem Tuch. Alle verharren betrübt und regungslos in unterschiedlich tragischer Haltung.*

EMILIA, LAURETTA, DONNA ROSA, IPPOLITO, CALANDRINO,
M. ANTONIO:
Düstere Todesstunde!
Nichts gibt es mehr zu hoffen!
O, welche Unheilskunde!
Welch Los hat ihn getroffen!
Ringsum Betrübnis, ringsum Entsetzen,
Grauen und Not!

DON TAMMARO:
Uh, wie heiß, wie heiß wird's mir im Magen!

CALANDRINO:
Rasch, auf's Bett müßt ihr ihn tragen . . .

DON TAMMARO:
Schon das Reden macht mir Mühe . . .

M. ANTONIO:
Ganz hübsch stark war diese Brühe!

DON TAMMARO:
Komm mein Simmias, laß dich küssen,
denn ich lieb' dich auch im Tod.

CALANDRINO: *tut, als ob er weint*
Ach, ich werde Euch vermissen
wie den Käse auf dem Brot.

DON TAMMARO:
Du mein Plato mußt mich verlieren.
Ich umarm' dich liebevoll . . .
M. ANTONIO:
Mach' nur rasch mit dem Krepieren!
Dieses Heulen macht mich toll.
DON TAMMARO:
Frauen, ihr Freunde, es geht zu Ende . . .
Gib Xanthippe, mir die Hände . . .
will auf deine Treue bauen,
dir den Nachttopf anvertrauen,
der bis oben voll sein soll.

*Tammaro schläft ein und wird von den Dienern weggetragen, begleitet von den beiden vermeintlichen Richtern.*

M. ANTONIO:
Hallo, ihr Freunde,
ihr könnt euch erheben:
krepiert ist Sokrates,
wir aber leben
und ziehen jetzt
den Vorteil daraus.
DONNA ROSA:
Verdammter Schurke du,
fahre zur Hölle!
IPPOLITO:
Du sollst jetzt gehen!
EMILIA:
Raus auf der Stelle!
LAURETTA:
Ruhe!
IPPOLITO:
Keine Silbe mehr!
EMILIA:
Scher' dich hinaus!
LAURETTA, CALANDRINO:
Die Katze schläft,
da tanzen die Mäuse . . .
CILLA:
Herr Vater, sagt doch . . .

M. ANTONIO:
  Was soll das heißen?
EMILIA:
  Ich kann dich
  nicht mehr länger ertragen.
  Du bist der ganze Grund
  für mein Leid.
IPPOLITO:
  Nur dir verdank' ich
  all diese Plagen
  und darum hass' ich dich
  für alle Zeit.
M. ANTONIO:
  Nun ja, dem Sokrates
  ging's an den Kragen,
  doch was kann ich dafür?
  Seid doch gescheit!
CILLA:
  Was hat der Ochse denn
  hier schon zu sagen?
  Herr Vater, haut' ihn
  so, daß er schreit!
DONNA ROSA: *zu Lauretta*
  He, einen Stock her!
  Ich will ihn schlagen,
  dann sind wir endlich
  von ihm befreit.
LAURETTA: *zu Cilla und Antonio*
  Wenn ihr uns brauchen könnt,
  müßt ihr uns fragen!
  *zu Donna Rosa*
  Seid still! Der Herr
  wacht auf von dem Streit.

Ende des 2. Aktes

DONNA ROSA:

[Er ist geheilt, er ist geheilt!]

LAURETTA:

[Doch so geschwind?]

CALANDRINO:

[Ja, es passiert,
daß sich der Wahn im Schlaf verliert.]

DON TAMMARO:

Meine Rosina, ich glaub',
ich habe lang geschlafen
und viel verrücktes Zeug geträumt.
Mir scheint, ich war . . . ich hatte . . .

DONNA ROSA:

Denk bitte nicht mehr dran, geliebter Gatte!
Laß die antiken Philosophen
ab jetzt für immer hinterm Ofen!

DON TAMMARO:

Den Hals will ich mir lieber brechen,
als nochmal von Philosophie zu sprechen.

DONNA ROSA:

Das gilt für die antike,
aber nicht für meine;
die ist modern und lernt sich von alleine:
daß es zur Seligkeit vollauf genügt,
wenn man gut ißt, nichts tut und sich vergnügt.

Duett

DONNA ROSA:

Liebster Mann, du sollst viel essen
und die Dinge geschehen lassen,
sollst dich mästen und sollst prassen,
und du bist nie mehr betrübt.

DON TAMMARO:

Nie werd' ich den Rat vergessen,
keine Sorge, mein süßes Täubchen!
Deine Philosophie, mein Weibchen,
ist die beste, die es gibt.

DONNA ROSA, DON TAMMARO:

Komm, daß ich dich fest umschließe!

DONNA ROSA:
  Mein Adonis!
DON TAMMARO:
  Meine Süße!
DONNA ROSA:
  Ach wie fühl' ich den Busen klopfen
  und ins Herz mir Honig tropfen!
DON TAMMARO:
  Und die Seele will zerspringen
  tanzen und lachen, jubeln, singen.
DONNA ROSA, DON TAMMARO:
  Welches Glück und welche Freude:
  wir sind beide neu verliebt!


## Szene II

*Lauretta, Cilla, Calandrino und Meister Antonio*
### Rezitativ

M. ANTONIO:
  Was sagst du, Sokrates ist wirklich verrückt gewesen?
LAURETTA:
  Nein, Don Tammaro!
CALANDRINO:
  Und weil er nicht mehr zu sich fand,
  so kamst auch du um den Verstand.
M. ANTONIO:
  Den Verstand? Wieso?
LAURETTA:
  Er redete dir ein,
  daß er Sokrates sei und du Plato.
M. ANTONIO:
  Stimmt das denn nicht?
CALANDRINO:
  Absolut nicht.
M. ANTONIO:
  Und das sagst du mir erst jetzt,
  wo ich das Rasiermesser schon verkauft hab'?
LAURETTA:
  Das macht nichts.
  Hört, ich habe eine herrliche Idee!

CILLA:
Dann schieß mal los!

LAURETTA:
Wie wär's mit einer doppelten Hochzeit?
Wir sind grad vier:
Calandrino mit Cilla,
und ich mit dir.

CILLA:
Ist ja toll! Und was sagt Ihr, Herr Vater?
Jedes Kätzchen braucht mal einen Kater.

M. ANTONIO:
Das ist nichts für mich. Lebt wohl!

LAURETTA:
Grausamer, warte!
Wenn du mich jetzt verläßt, wird es mein Ende sein.
[Bleib nur ein bißchen hier, dann leg' ich dich schon 'rein.]

Quartett

LAURETTA: *tut als ob sie weint*
Find ich denn kein Erbarmen,
läßt man selbst im Tod mich allein?

CILLA:
Herr Vater, helft der Armen,
ich glaub', die geht gleich ein.

M. ANTONIO: *nachäffend und spöttisch*
Was wird sie dazu sagen,
Mama für dich zu sein?

CALANDRINO:
So stolz sich zu betragen,
so grausam und gemein!

M. ANTONIO:
Ich will ein Witwer bleiben
und mich nie mehr vermählen.
Du kannst mir nix erzählen,
sei ruhig du Idiot!

LAURETTA:
Ich kriege keine Luft mehr . . .
ich fühl das Blut gefrieren . . .
Jetzt kannst du triumphieren,
du treibst mich in den Tod.
*tut, als ob sie in Ohnmacht fiele*

CALANDRINO:

    Geschwind, so hilf ihr doch,

    du mußt sie retten!

M. ANTONIO:

    Verdammt, durch meine Schuld

    ist sie hinüber!

CILLA:

    Wenn sie schon tot ist,

    dann gehn wir lieber.

LAURETTA:

    Ah — i!

CALANDRINO:

    Meister Antonio

    nimmt dich zur Gattin,

    auf, auf, nur Mut!

M. ANTONIO:

    Ja, ja ich nehm' dich,

    es ist ja gut.

*Er ergreift ihre Hand und Lauretta steht vergnügt auf.*

LAURETTA:

    Das ganze Übel

    ist schon verflogen:

    ich bin genesen:

    denn du bist mein.

M. ANTONIO:

    Verdammter Mist!

    Man hat mich betrogen,

    und man verspottet

    mich obendrein.

CILLA:

    Hast du 'ne Leiche

    an Land gezogen?

    Wenn sie krepiert ist,

    dann laß sie sein!

CALANDRINO:

    Das hat sie

    großartig hingebogen!

    In ihre Falle

    ging er hinein.